완벽한 하루를 위한
골든타임 플래너

• 완벽한 하루를 위한 골든타임 플래너 이렇게 사용하세요!

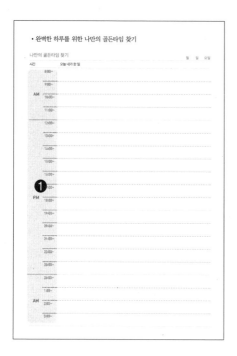

❶ 하루 중 나만의 골든타임이 언제인지 찾는다. 1~2주일 동안 관찰한 후 골든타임이 언제인지 알았다면 ①번은 생략하고, ②번부터 작성한다.

　― 1시간 또는 30분 단위로 내가 오늘 하루 어떤 일을 하면서 시간을 보냈는지 기록한다.

　― 하루를 마감할 때 골든타임이라고 생각되는 시간을 표시한다.

　― 같은 방법으로 1~2주 동안 작성하여 골든타임을 확정한다.

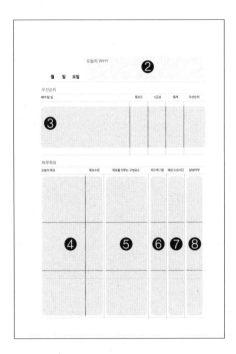

❷ 오늘 하루에 대한 Why를 찾는다.

❸ 오늘 해야 할 일 중 가장 중요하고 시급한 일을 찾는다.

　― 오늘 해야 할 일들을 나열한다.

　― 중요성 1~3점, 시급성 1~3점 점수를 기입한다.

　― 중요성 × 시급성 = 총계(최고점수 9점)를 계산한다.

　― 최고점수 순으로 일의 우선순위를 확인한다.

❹ 우선순위가 가장 높은 일을 오늘의 목표로 설정한다.

　― 해야 할 일을 결과물의 형태로 적는다. 그 결과가 어느 수준까지 도달하면 좋을
　　지 자신의 역량을 고려해 목표 수준을 결정한다.

❺ 목표를 이루는 구성요소들을 적어본다.

❻ 각 구성요소별로 잘 진행되고 있는지, 어느 수준까지 완성하면 좋을지 알 수 있는 피
　드백 기준을 정한다.

❼ 예상 소요시간을 적는다.

❽ 피드백 기준과 예상 소요시간을 확인하여 달성여부를 기록한다.

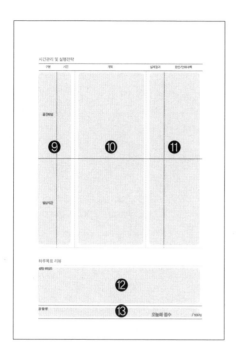

⑨ 골든타임과 일상시간을 구분한다.

⑩ 골든타임에 집중해야 할 과제 또는 계획을 수립한다. 일상시간에는 최우선순위 과제를 제외한 나머지 해야 할 일들에 대한 계획을 수립한다.

⑪ 실제 달성여부를 기록하고 원인을 분석한다. 원인에 따른 만회대책을 미리 수립한다.

⑫ 하루를 리뷰해보며 잘한 점과 보완해야 할 점 등 자신의 성장 포인트를 작성한다.

⑬ 오늘의 점수를 기록하고 한 줄 평으로 하루를 마무리한다.

- 완벽한 하루를 위한 나만의 골든타임 찾기 1

나만의 골든타임 찾기

작성자 : 여행사 영업업무 3년차 이경훈 주임
날짜 : 3월 2일 수요일

시간		오늘 내가 한 일	
AM	8:30~9:00	사무실 도착, 책상 정리 및 커피 준비	
	9:00~9:30	오늘 해야 할 일 정리, E-mail 및 공지사항 확인	
	9:30~10:00	회의준비 (신사업 계획안 출력, 회의실 장비 세팅)	
	10:00~11:00	영업 1팀 사업확장 전략회의 참석	
	11:00~12:00	전략회의록 정리 후 김과장님께 보고 / 접촉 중인 5개 법인에 대한 상품 총비용 견적 제안	└ 집중도가 높아서
	12:00~13:00	점심 식사	예정보다 일찍 끝남 "골든타임"
	13:00~14:00	A대학교, J연구기관 중국행 90명 비자발급 서류 완료	
	14:00~14:30	여행사 대리점 서울지역 5건 요청사항 처리	→ 간단한 업무처리를 2시간이나
	14:30~16:00	"	걸려서 함. ㅠㅠ
PM	16:00~17:00	법인영업 상담 약속 스케줄 정리, 1차 접촉 방문 약속	→ 커피 한 잔 마시며 완전 몰입^^
	17:00~18:00	단체 관광 (50명, 일본) 고객 2인 예약 면담 실시	"골든타임"
	18:00~19:00	일본 투어 컨덕터(T/C)에게 면담 내용 전달 완료	
	19:30~21:30	간단하게 저녁식사 후, 테니스 동호회 모임	
	21:30~23:00	집으로 이동 및 샤워, 휴식시간	
	23:00~24:00	중국어 단어 암기 → 단어가 아주 잘 외워짐 "골든타임"	
	24:00~	취침	
AM			

- 완벽한 하루를 위한 나만의 골든타임 찾기 2

나만의 골든타임 찾기

작성자 : 여행사 영업업무 3년차 이경훈 주임
날짜 : 3월 4일 금요일

시간		오늘 내가 한 일
AM	8:30~9:00	사무실 도착, 책상 정리 및 커피 준비
	9:00~10:00	오늘 해야 할 일 정리, E-mail 및 공지사항 확인
	10:00~11:00	OP(여행상품 기획)팀 월간 정기 미팅 참석 : 법인, 단체관광 상품 의견 제안
	11:00~12:00	2개 법인 기업 브리핑 자료 작업
PM	12:00~13:00	점심 식사
	13:00~14:30	법인 영업 2개 출장 상담(강남 2)
	15:00~16:00	사무실 복귀, 출장 상담 보고(김과장님)
	16:00~17:00	단체 항공권(6그룹) 발권 요청 및 운임표 확인 / 호텔 8곳 예약 완료 단체관광 고객 예약자 안내 메일 발송 & 전화
	17:00~17:30	단체관광 상품 업데이트(항공, 호텔, 축제일정 등)
	17:30~19:00	B2B 거래선 신규 발굴, 수주, 계약, 관리
	19:30~22:30	강남역에서 동창 모임
	22:30~24:00	집 도착, TV시청
AM	24:00~	취침

완벽하게 끝냈음~
"골든타임"

→ 몰입도 높음!!!
"골든타임"

→ 오늘은 중국어공부 포기....
내일은 저녁시간 제대로 활용할 것!!!

3월 7일 월요일

우선순위

해야할 일	중요도	시급성	총계	우선순위
1. 개인 영업매출 실적 데이터 정리 후 김과장님께 H차 보고/면담	2	1	2	5
2. 법인 기업, 교육기관 4곳 브리핑 자료 작업	3	3	9	1
3. 단체관광 기획상품/이벤트 건 A팀과 확정	3	2	6	2
4. 법인 5개, 단체관광 3개 항공권, 숙박권 확정 후, 안내 이메일	3	2	6	2
5. 대리접주 요청사항 3건 처리	2	2	4	4

하루목표

오늘의 목표	목표수준	목표를 이루는 구성요소	피드백 기준	예상 소요시간	달성여부
법인 기업, 교육기관 4곳 브리핑, 보고서 완료	타사 대비 장점 2개씩 포함된 보고서 40장 (4건×10장)	S기업 우수인재 유럽탐방 2주 일정(70명) : 이동시간 최소화(4시간 절약), 항공편 1% 추가적립	입찰 진행	1.5H	○ (완료)
		Y대학교 일본 세미나 4박 5일 일정(30명) 숙소 룸 업그레이드, 도착 항공편 선호 시간대 확보	계약 확정	1H	○ (완료)
		R교육원 스웨덴, 핀란드 10일 일정(17명) : 선호도 1위 T/C 배정, 관광일정 프로그램 수정	계약 확정	1H	△ (진행 중)
		K기업 미국출장 4일 일정(5명) : 항공편 선호시간과 선호 호텔 확보	오류 0건	0.5H	○ (완료)

시간관리 및 실행전략

구분	시간	계획	실제결과	원인/만회대책
골든타임	10:30 ~12:00	법인 기업, 교육기관 4곳 브리핑 보고서 완료(4건 x 10장)	○ (완료)	-
	16:30 ~17:30	법인 3개, 단체 5팀 항공권 발권, 호텔 8곳, 렌터카 확정 후, 안내메일(행사, 숙식, 여행일정 등) 발송	○ (완료)	-
	23:00 ~24:00	중국어 공부 unit 23, 24 학습, 문제유형 핵심 정리, 문제 30문항 풀이, 틀린 문제 리뷰 & 반복필기	× (미실행)	동창들과 늦은 시간까지 술자리로 인해 미실행 → 2달 동안 평일 술자리는 1주일에 1회, 1차까지만!!!
일상시간	9:30 ~10:00	법인영업 상담 약속 스케줄 정리, 1차 접촉 방문 약속	○ (완료)	-
	13:00 ~15:00	여행사 대리점(강북5) 영업 및 상품안내, 불만사항 응대	△ (부분완료)	대리점 1곳 일정 재협의
	17:30 ~18:30	전월 개인 영업 매출 실적 데이터 정리 후 김과장님께 1차 보고/면담	× (미실행)	급하게 최과장님의 업무 지시로 A팀에서 요청한 자료 분석하느라 미실행 → 내일 11시로 일정 연기

하루목표 리뷰

성장 포인트

- 법인기업과 교육기관 브리핑 보고서를 '고객'의 입장에서 보고 싶은 내용과 듣고 싶은 장점 위주로 제안한 점에서 고객사의 반응이 호의적임. 특히 Y대학교는 바로 계약확정을 했고 S기업도 입찰순위 위임. 다음에도 경쟁사들의 상품정보를 비교분석해서 우리의 강점을 제안할 수 있도록 미리 데이터를 확보하는 것이 중요할 것 같다.
- 여행사 대리점주들 중에서 홍사장님과의 친밀감이 부족해서, 다음 주에 이대리와 함께 재방문해보기로 함.

한 줄 평

중국여행 전문가가 되고 싶다면 친구들과 노는 시간을 조금만더 줄이자!   오늘의 점수   80 / 100점

- 완벽한 하루를 위한 나만의 골든타임 찾기

나만의 골든타임 찾기   월   일   요일

시간	오늘 내가 한 일
AM	8:00~
	9:00~
	10:00~
	11:00~
PM	12:00~
	13:00~
	14:00~
	15:00~
	16:00~
	17:00~
	18:00~
	19:00~
	20:00~
	21:00~
	22:00~
	23:00~
AM	24:00~
	1:00~
	2:00~
	3:00~

- 완벽한 하루를 위한 나만의 골든타임 찾기

나만의 골든타임 찾기

시간		오늘 내가 한 일
AM	8:00~	
	9:00~	
	10:00~	
	11:00~	
PM	12:00~	
	13:00~	
	14:00~	
	15:00~	
	16:00~	
	17:00~	
	18:00~	
	19:00~	
	20:00~	
	21:00~	
	22:00~	
	23:00~	
AM	24:00~	
	1:00~	
	2:00~	
	3:00~	

• 완벽한 하루를 위한 나만의 골든타임 찾기

나만의 골든타임 찾기

시간	오늘 내가 한 일
AM	8:00~
	9:00~
	10:00~
	11:00~
PM	12:00~
	13:00~
	14:00~
	15:00~
	16:00~
	17:00~
	18:00~
	19:00~
	20:00~
	21:00~
	22:00~
	23:00~
AM	24:00~
	1:00~
	2:00~
	3:00~

- 완벽한 하루를 위한 나만의 골든타임 찾기

나만의 골든타임 찾기

시간	오늘 내가 한 일
AM	8:00~
	9:00~
	10:00~
	11:00~
PM	12:00~
	13:00~
	14:00~
	15:00~
	16:00~
	17:00~
	18:00~
	19:00~
	20:00~
	21:00~
	22:00~
	23:00~
AM	24:00~
	1:00~
	2:00~
	3:00~

- 완벽한 하루를 위한 나만의 골든타임 찾기

나만의 골든타임 찾기

시간	오늘 내가 한 일
8:00~	
9:00~	
AM 10:00~	
11:00~	
12:00~	
13:00~	
14:00~	
15:00~	
16:00~	
17:00~	
PM 18:00~	
19:00~	
20:00~	
21:00~	
22:00~	
23:00~	
24:00~	
1:00~	
AM 2:00~	
3:00~	

- 완벽한 하루를 위한 나만의 골든타임 찾기

나만의 골든타임 찾기   월   일   요일

시간	오늘 내가 한 일
AM	8:00~
	9:00~
	10:00~
	11:00~
PM	12:00~
	13:00~
	14:00~
	15:00~
	16:00~
	17:00~
	18:00~
	19:00~
	20:00~
	21:00~
	22:00~
	23:00~
AM	24:00~
	1:00~
	2:00~
	3:00~

오늘의 WHY

월 일 요일

우선순위

해야할일	중요도	시급성	총계	우선순위

하루목표

오늘의 목표	목표수준	목표를 이루는 구성요소	피드백 기준	예상 소요시간	달성여부

시간관리 및 실행전략

구분	시간	계획	실제결과	원인/만회대책
골든타임				
일상시간				

하루목표 리뷰

성장 포인트

한 줄 평

오늘의 점수　　/100점

오늘의 WHY

월 일 요일

우선순위

해야할 일	중요도	시급성	총계	우선순위

하루목표

오늘의 목표	목표수준	목표를 이루는 구성요소	피드백 기준	예상 소요시간	달성여부

시간관리 및 실행전략

구분	시간	계획	실제결과	원인/만회대책
골든타임				
일상시간				

하루목표 리뷰

성장 포인트

한 줄 평

오늘의 점수　　　/100점

오늘의 WHY

월 일 요일

우선순위

해야 할 일	중요도	시급성	총계	우선순위

하루목표

오늘의 목표	목표수준	목표를 이루는 구성요소	피드백 기준	예상 소요시간	달성여부

시간관리 및 실행전략

구분	시간	계획	실제결과	원인/만회대책
골든타임				
일상시간				

하루목표 리뷰

성장 포인트

한 줄 평

오늘의 점수　　/ 100점

오늘의 WHY

월 일 요일

우선순위

해야 할 일	중요도	시급성	총계	우선순위

하루목표

오늘의 목표	목표수준	목표를 이루는 구성요소	피드백 기준	예상 소요시간	달성여부

시간관리 및 실행전략

구분	시간	계획	실제결과	원인/만회대책
골든타임				
일상시간				

하루목표 리뷰

성장 포인트

한줄평

오늘의 점수   /100점

오늘의 WHY

월 일 요일

우선순위

해야 할 일	중요도	시급성	총계	우선순위

하루목표

오늘의 목표	목표수준	목표를 이루는 구성요소	피드백 기준	예상 소요시간	달성여부

시간관리 및 실행전략

구분	시간	계획	실제결과	원인/만회대책
골든타임				
일상시간				

하루목표 리뷰

성장 포인트

한 줄 평

오늘의 점수　　　/ 100점

오늘의 WHY

월 일 요일

우선순위

해야 할 일	중요도	시급성	총계	우선순위

하루목표

오늘의 목표	목표수준	목표를 이루는 구성요소	피드백 기준	예상 소요시간	달성여부

시간관리 및 실행전략

구분	시간	계획	실제결과	원인/만회대책
골든타임				
일상시간				

하루목표 리뷰

성장 포인트

한 줄 평

오늘의 점수 　　　/ 100점

월 일 요일

우선순위

해야 할 일	중요도	시급성	총계	우선순위

하루목표

오늘의 목표	목표수준	목표를 이루는 구성요소	피드백 기준	예상 소요시간	달성여부

시간관리 및 실행전략

구분	시간	계획	실제결과	원인/만회대책
골든타임				
일상시간				

하루목표 리뷰

성장 포인트

한 줄 평

오늘의 점수　　　/100점

오늘의 WHY

월   일   요일

우선순위

해야할 일	중요도	시급성	총계	우선순위

하루목표

오늘의 목표	목표수준	목표를 이루는 구성요소	피드백 기준	예상 소요시간	달성여부

시간관리 및 실행전략

구분	시간	계획	실제결과	원인/만회대책
골든타임				
일상시간				

하루목표 리뷰

성장 포인트

한 줄 평

오늘의 점수   / 100점

월 일 요일

우선순위

해야 할 일	중요도	시급성	총계	우선순위

하루목표

오늘의 목표	목표수준	목표를 이루는 구성요소	피드백 기준	예상 소요시간	달성여부

시간관리 및 실행전략

구분	시간	계획	실제결과	원인/만회대책
골든타임				
일상시간				

하루목표 리뷰

성장 포인트

한 줄 평

오늘의 점수   /100점

오늘의 WHY

월 일 요일

우선순위

해야할 일	중요도	시급성	총계	우선순위

하루목표

오늘의 목표	목표수준	목표를 이루는 구성요소	피드백 기준	예상 소요시간	달성여부

시간관리 및 실행전략

구분	시간	계획	실제결과	원인/만회대책
골든타임				
일상시간				

하루목표 리뷰

성장 포인트

한 줄 평

오늘의 점수   /100점

월 일 요일

우선순위

해야 할 일	중요도	시급성	총계	우선순위

하루목표

오늘의 목표	목표수준	목표를 이루는 구성요소	피드백 기준	예상 소요시간	달성여부

시간관리 및 실행전략

구분	시간	계획	실제결과	원인/만회대책
골든타임				
일상시간				

하루목표 리뷰

성장 포인트

한 줄 평

오늘의 점수　　/100점

오늘의 WHY

월 일 요일

우선순위

해야 할 일	중요도	시급성	총계	우선순위

하루목표

오늘의 목표	목표수준	목표를 이루는 구성요소	피드백 기준	예상 소요시간	달성여부

시간관리 및 실행전략

구분	시간	계획	실제결과	원인/만회대책
골든타임				
일상시간				

하루목표 리뷰

성장 포인트

한 줄 평

오늘의 점수　　　/100점

월   일   요일

우선순위

해야 할 일	중요도	시급성	총계	우선순위

하루목표

오늘의 목표	목표수준	목표를 이루는 구성요소	피드백 기준	예상 소요시간	달성여부

시간관리 및 실행전략

구분	시간	계획	실제결과	원인/만회대책
골든타임				
일상시간				

하루목표 리뷰

성장 포인트

한 줄 평

오늘의 점수　　/ 100점

월   일   요일

우선순위

해야할 일	중요도	시급성	총계	우선순위

하루목표

오늘의 목표	목표수준	목표를 이루는 구성요소	피드백 기준	예상 소요시간	달성여부

시간관리 및 실행전략

구분	시간	계획	실제결과	원인/만회대책
골든타임				
일상시간				

하루목표 리뷰

성장 포인트

한줄평

오늘의 점수   / 100점

월 일 요일

우선순위

해야 할 일	중요도	시급성	총계	우선순위

하루목표

오늘의 목표	목표수준	목표를 이루는 구성요소	피드백 기준	예상 소요시간	달성여부

시간관리 및 실행전략

구분	시간	계획	실제결과	원인/만회대책
골든타임				
일상시간				

하루목표 리뷰

성장 포인트

한 줄 평

오늘의 점수 　　　/100점

월   일   요일

우선순위

해야 할 일	중요도	시급성	총계	우선순위

하루목표

오늘의 목표	목표수준	목표를 이루는 구성요소	피드백 기준	예상 소요시간	달성여부

시간관리 및 실행전략

구분	시간	계획	실제결과	원인/만회대책
골든타임				
일상시간				

하루목표 리뷰

성장 포인트

한 줄 평

오늘의 점수   /100점

오늘의 WHY

월 일 요일

우선순위

해야 할 일	중요도	시급성	총계	우선순위

하루목표

오늘의 목표	목표수준	목표를 이루는 구성요소	피드백 기준	예상 소요시간	달성여부

시간관리 및 실행전략

구분	시간	계획	실제결과	원인/만회대책
골든타임				
일상시간				

하루목표 리뷰

성장 포인트

한 줄 평

오늘의 점수 /100점

오늘의 WHY

월 일 요일

우선순위

해야 할 일	중요도	시급성	총계	우선순위

하루목표

오늘의 목표	목표수준	목표를 이루는 구성요소	피드백 기준	예상 소요시간	달성여부

시간관리 및 실행전략

구분	시간	계획	실제결과	원인/만회대책
골든타임				
일상시간				

하루목표 리뷰

성장 포인트

한 줄 평

오늘의 점수   / 100점

월 일 요일

우선순위

해야 할 일	중요도	시급성	총계	우선순위

하루목표

오늘의 목표	목표수준	목표를 이루는 구성요소	피드백 기준	예상 소요시간	달성여부

시간관리 및 실행전략

구분	시간	계획	실제결과	원인/만회대책
골든타임				
일상시간				

하루목표 리뷰

성장 포인트

한줄평

오늘의 점수 / 100점

월   일   요일

우선순위

해야 할 일	중요도	시급성	총계	우선순위

하루목표

오늘의 목표	목표수준	목표를 이루는 구성요소	피드백 기준	예상 소요시간	달성여부

시간관리 및 실행전략

구분	시간	계획	실제결과	원인/만회대책
골든타임				
일상시간				

하루목표 리뷰

성장 포인트

한줄평

오늘의 점수　　/100점

월   일   요일

우선순위

해야 할 일	중요도	시급성	총계	우선순위

하루목표

오늘의 목표	목표수준	목표를 이루는 구성요소	피드백 기준	예상 소요시간	달성여부

시간관리 및 실행전략

구분	시간	계획	실제결과	원인/만회대책
골든타임				
일상시간				

하루목표 리뷰

성장 포인트

한 줄 평

오늘의 점수   / 100점

월 일 요일

우선순위

해야 할 일	중요도	시급성	총계	우선순위

하루목표

오늘의 목표	목표수준	목표를 이루는 구성요소	피드백 기준	예상 소요시간	달성여부

시간관리 및 실행전략

구분	시간	계획	실제결과	원인/만회대책
골든타임				
일상시간				

하루목표 리뷰

성장 포인트

한 줄 평

오늘의 점수   /100점

월   일   요일

우선순위

해야 할 일	중요도	시급성	총계	우선순위

하루목표

오늘의 목표	목표수준	목표를 이루는 구성요소	피드백 기준	예상 소요시간	달성여부

시간관리 및 실행전략

구분	시간	계획	실제결과	원인/만회대책
골든타임				
일상시간				

하루목표 리뷰

성장 포인트

한 줄 평

오늘의 점수　　/100점

월   일   요일

우선순위

해야 할 일	중요도	시급성	총계	우선순위

하루목표

오늘의 목표	목표수준	목표를 이루는 구성요소	피드백 기준	예상 소요시간	달성여부

시간관리 및 실행전략

구분	시간	계획	실제결과	원인/만회대책
골든타임				
일상시간				

하루목표 리뷰

성장 포인트

한 줄 평

오늘의 점수   /100점

월　일　요일

우선순위

해야 할 일	중요도	시급성	총계	우선순위

하루목표

오늘의 목표	목표수준	목표를 이루는 구성요소	피드백 기준	예상 소요시간	달성여부

시간관리 및 실행전략

구분	시간	계획	실제결과	원인/만회대책
골든타임				
일상시간				

하루목표 리뷰

성장 포인트

한 줄 평

오늘의 점수　　　/ 100점

월　일　요일

우선순위

해야 할 일	중요도	시급성	총계	우선순위

하루목표

오늘의 목표	목표수준	목표를 이루는 구성요소	피드백 기준	예상 소요시간	달성여부

시간관리 및 실행전략

구분	시간	계획	실제결과	원인/만회대책
골든타임				
일상시간				

하루목표 리뷰

성장 포인트

한 줄 평

오늘의 점수   /100점

오늘의 WHY

월 일 요일

우선순위

해야 할 일	중요도	시급성	총계	우선순위

하루목표

오늘의 목표	목표수준	목표를 이루는 구성요소	피드백 기준	예상 소요시간	달성여부

시간관리 및 실행전략

구분	시간	계획	실제결과	원인/만회대책
골든타임				
일상시간				

하루목표 리뷰

성장 포인트

한 줄 평

오늘의 점수　　　/100점

오늘의 WHY

월　일　요일

우선순위

해야 할 일	중요도	시급성	총계	우선순위

하루목표

오늘의 목표	목표수준	목표를 이루는 구성요소	피드백 기준	예상 소요시간	달성여부

시간관리 및 실행전략

구분	시간	계획	실제결과	원인/만회대책
골든타임				
일상시간				

하루목표 리뷰

성장 포인트

한 줄 평

오늘의 점수   /100점

월 일 요일

우선순위

해야할 일	중요도	시급성	총계	우선순위

하루목표

오늘의 목표	목표수준	목표를 이루는 구성요소	피드백 기준	예상 소요시간	달성여부

시간관리 및 실행전략

구분	시간	계획	실제결과	원인/만회대책
골든타임				
일상시간				

하루목표 리뷰

성장 포인트

한 줄 평

오늘의 점수　　/ 100점

월　일　요일

우선순위

해야 할 일	중요도	시급성	총계	우선순위

하루목표

오늘의 목표	목표수준	목표를 이루는 구성요소	피드백 기준	예상 소요시간	달성여부

시간관리 및 실행전략

구분	시간	계획	실제결과	원인/만회대책
골든타임				
일상시간				

하루목표 리뷰

성장 포인트

한줄평

오늘의 점수 　　　/100점